Impressum
Verlag: BABADADA GmbH, Nedderfeld 112 , 22529 Hamburg
Geschäftsführer / Verlagsleitung: Harald Hof
Druck: Books on Demand GmbH, In de Tarpen 42, 22848 Norderstedt

Imprint
Publisher: BABADADA GmbH, Nedderfeld 112 , 22529 Hamburg, Germany
Managing Director / Publishing direction: Harald Hof
Print: Books on Demand GmbH, In de Tarpen 42, 22848 Norderstedt, Germany

школа

ቤት-ትምህርቲ

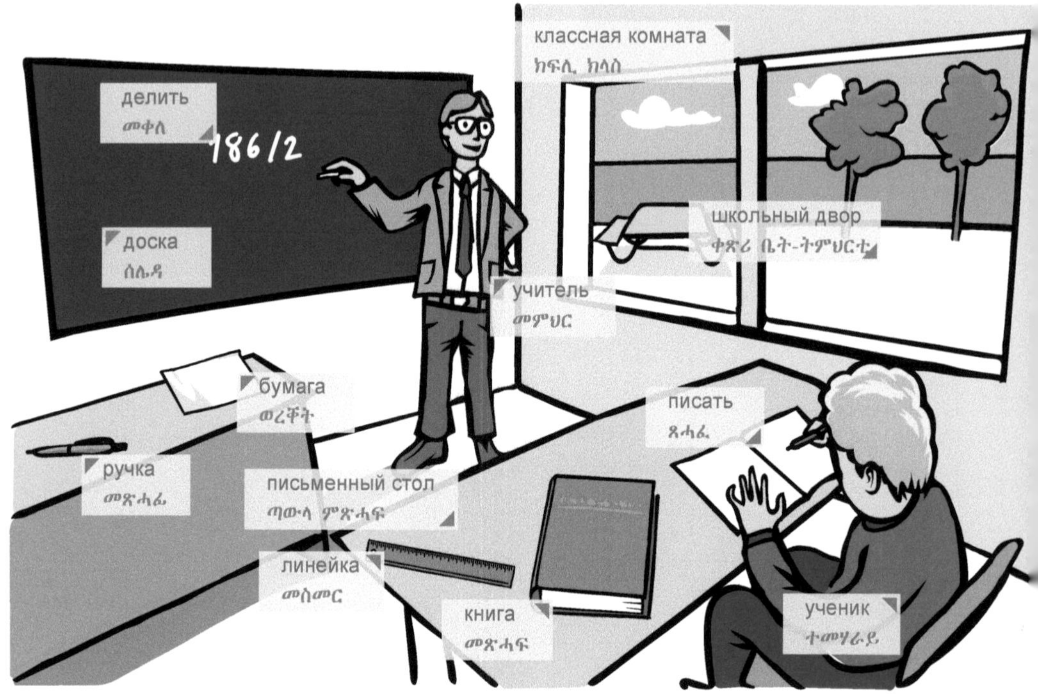
классная комната
ክፍሊ ክላስ
делить
መቀለ
186/2
доска
ሰሌዳ
школьный двор
ቀጽሪ ቤት-ትምህርቲ
учитель
መምህር
бумага
ወረቐት
писать
ጸሓፈ
ручка
መጽሓፊ
письменный стол
ጣውላ ምጽሓፍ
линейка
መስመር
книга
መጽሓፍ
ученик
ተመሃራይ

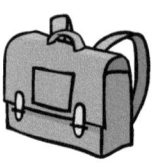

ранец

ሳንጣ ትምህርቲ

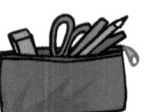

пенал

ሰፈር ብርዒ

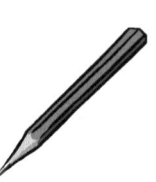

карандаш

ርሳስ

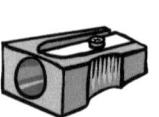

точилка

መብልሒ ርሳስ

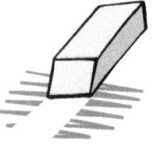

ластик

መደምሰሲ

альбом для рисования

ጥራዝ ስእሊ

рисунок

ስእሊ

кисточка

ብርኂ ቀለም

коробка красок

ቦክስ ቀለም

ножницы

መቐስ

клей

መጣበቒ

тетрадь

ጥራዝ መላመዲ

домашняя работа

ዕዮ ገዛ

цифра

ቁጽሪ

прибавлять

መሰኸ

вычитать

ጎደለ

умножать

ረብሐ

считать

ደመረ

буква

ፊደል

алфавит

ስርዓት ፊደላት

слово

ቃል

текст

ጽሑፍ

читать

ኣንበበ

мел

ኩርሸ

урок

ሰዓት

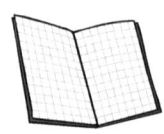

классный журнал

መዝገብ ክላስ

экзамен

መርመራ

диплом

ሰርቲፊከት

школьная форма

ድቢዛ ቤትትምህርቲ

образование

ትምህርቲ

энциклопедия

ለክሲኮን

университет

ዩኒቨርሲቲ

микроскоп

ሚክሮስኮፕ

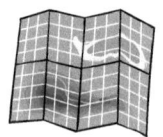

карта

ካርታ

корзина для бумаг

ጎሓፍ ወረቐት

гостиница
መኞበሊ ኦጋይኝ

Grand

турбаза
ሆስተል

ROOMS

пункт обмена валюты
ቦታ ቀየር ገንዘብ

EXCHANGE

чемодан
ባሊጅ

автомобиль
መኪና

		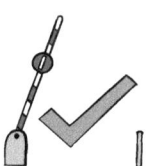
язык	да / нет	хорошо
ቋንቋ	እወ / ኖ	ሕራይ

Привет	переводчик	Спасибо
ሰላም	አስተርጓሚ	የቾንየለይ

Сколько стоит...?

. . . ክንደይ ዋግኡ?

Я не понимаю

አይተረድኣኹን

проблема

ሽግር

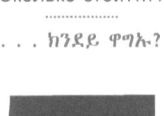

Добрый вечер!

ሰላም ምሸት!

Доброе утро!

ከመይ ሓዲርካ

Доброй ночи!

ሰላም ለይቲ

До свидания

ደሓን ኩን

направление

አንፈት

багаж

ጉዕዝ

сумка

ሳንጣ

рюкзак

ሳንጣ ሕቖ

гость

ጋሻ

комната

ክፍሊ.

спальный мешок

ክሻ መደቓሲ.

палатка

ቴንዳ

туристическая
информация
ሓበሬታ ቦጻሕቲ ሃገር

пляж

ገምገም ባሕሪ

кредитная карточка

ክረዲት ካርድ

завтрак

ቁርሲ

обед

ምሳሕ

ужин

ድራር

билет

ቲከት

лифт

ሊፍት

почтовая марка

ማሕተም ደብዳበ

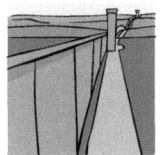

граница

ዶብ

таможня

ድንና

посольство

ኣምበሲ

виза

ቪዛ

паспорт

ፓስፖርት

транспорт

መጓዓዝያ

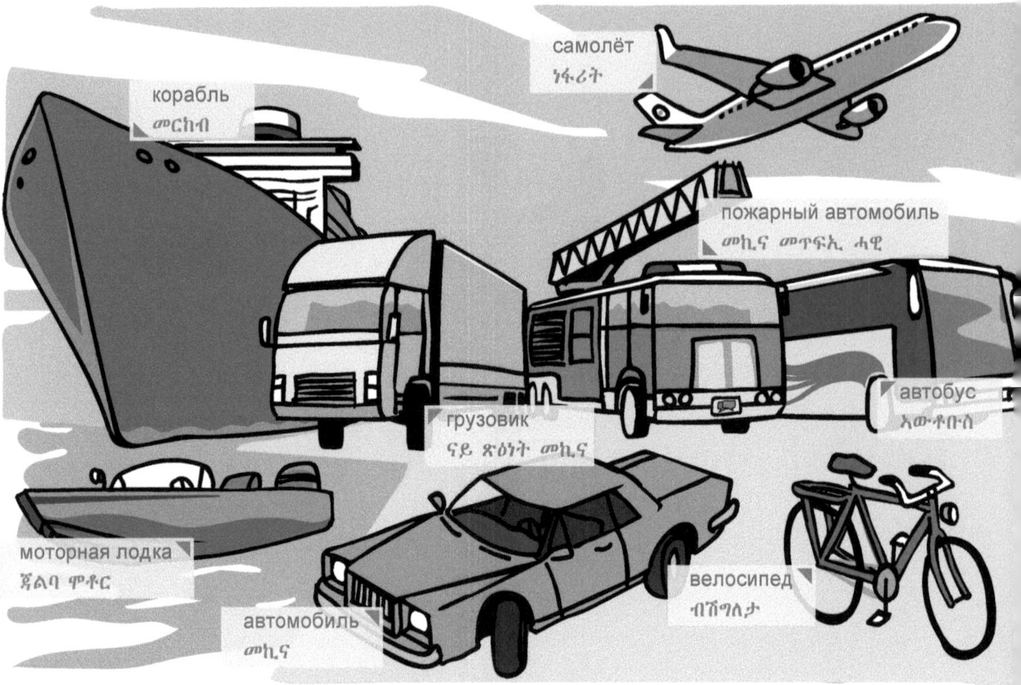
корабль
መርከብ
самолёт
ነፋሪት
пожарный автомобиль
መኪና መጥፍኢ ሓዊ
автобус
ኣውቶቡስ
грузовик
ናይ ጽዕነት መኪና
моторная лодка
ጃልባ ሞቶር
автомобиль
መኪና
велосипед
ብሽግለታ

паром

ፈሪ

лодка

ጃልባ

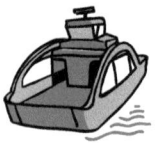

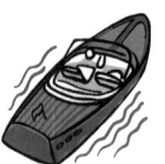

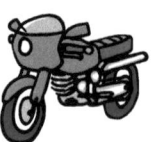

мотоцикл

ሞቶ

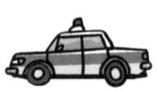

полицейский автомобиль

መኪና ፖሊስ

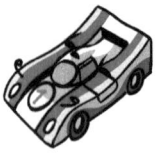

гоночный автомобиль

መኪና ቅድድም

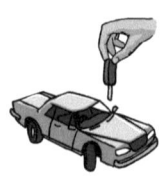

арендованный автомобиль

ክራይ መኪና

совместное пользование
автомобилями
....
ምውፋይ መካይን

буксировочный
автомобиль
መወሰዲ መኪና

мусоровоз
....
መኪና ጎሓፍ

двигатель
....
ሞቶር

топливо
....
ነዳዲ

заправка
....
እንዳ ነዳዲ

дорожный знак
....
ምልክት ትራፊክ

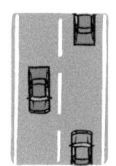

движение
....
ትራፊክ

пробка
....
ምጭቕጫቕ ትራፊክ

автостоянка
....
መዐሸጊ መኪና

вокзал
....
መዕረፊ ባቡር

рельсы
....
ሓዲግ

поезд
....
ባቡር

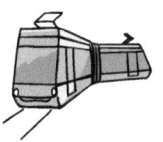

трамвай
....
ትራም

вагон
....
ባጎኒ

вертолёт

ሄሊኮፕተር

аэропорт

መዓረፍ ነፋርቲ

вышка

ታወር

пассажир

ተጓዢ

контейнер

ኮንተይነር

коробка

ሳንዱቅ ካርቶን

тележка

ኮርሳ ጽዕነት

корзина

ዘንቢል

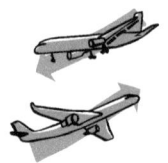

взлетать / приземляться

ተበገሰ / ዓለበ

город

ከተማ

деревня

ቀሺት

центр города

ማእከል ከተማ

дом

ገዛ

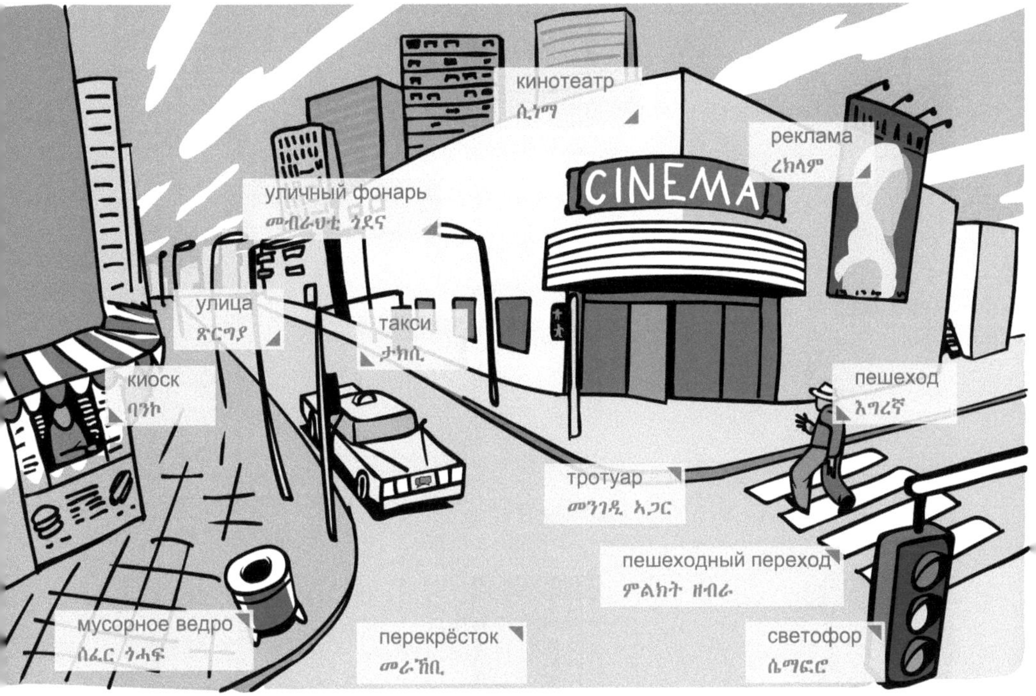

кинотеатр
ሲነማ
реклама
ሪክላም
CINEMA
уличный фонарь
መብራህቲ ጎደና
улица
ጽርግያ
такси
ታክሲ
киоск
ባንኮ
пешеход
እግረኛ
тротуар
መንገዲ ኣጋር
пешеходный переход
ምልክት ዘብራ
мусорное ведро
ሰፈር ጎሓፍ
перекрёсток
መራኽቢ
светофор
ሴማፎሮ

хижина

ኣጕዶ

квартира

ኣፓርትመንት

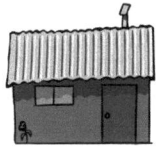

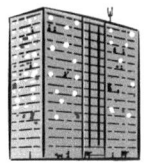

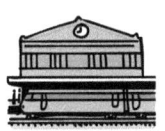

вокзал

መዕረፊ ባቡር

ратуша

ቤት ምምሕዳር

MUSEUM

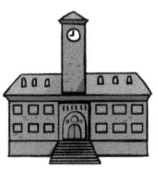

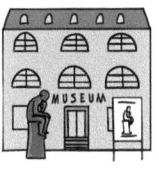

музей

ቤተ መዘክር

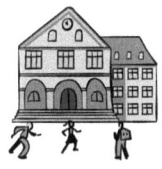

школа

ቤት-ትምህርቲ

университет

ዩኒቨርሲቲ

банк

ባንክ

больница

ሆስፒታል

гостиница

መቆበሊ አጋይሽ

аптека

ቤት መድሃኒት

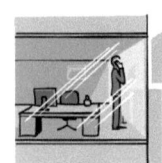

офис

ቤት ጽሕፈት

книжный магазин

ዱኳን መጽሐፍቲ

магазин

ዱኳን

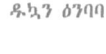

цветочный магазин

ዱኳን ዕንባባ

супермаркет

ሱፐርማርኬት

рынок

ዕዳጋ

универмаг

ሹቅ

торговец рыбой

ነጋዳይ ዓሳ

торговый центр

ሹቅ

порт

መርሳ

парк

መዘናግዒ

скамейка

ባንኪ

мост

ድልድል

лестница

መደያይቦ

метро

ባቡር ትሕቲ ምድሪ

тоннель

ቢንቶ

автобусная остановка

መዕረፊ ኣውቶቡስ

бар

ቤት መስተ

ресторан

ቤት-መግቢ

почтовый ящик

ሰታሪት

табличка с названием
улицы

ታቤላ

паркометр

ሰዓት ፓርኪንግ

зоопарк

መካነ እንስሳታት

бассейн

መሓምበሲ

мечеть

መስጊድ

ферма

ቤት ሕርሻ

загрязнение окружающей среды

ብከላ

кладбище

መቓብር

церковь

ቤተክርስትያን

детская площадка

ቦታ ምጽዋት

храм

ቤት መቕደስ

ландшафт

ስእሊ መሬት

лист
ኣቝጽልቲ

дорожный указатель
መሕበሪ መገዲ

дорога
መገዲ

луг
ሻኽ

камень
እምኒ

дерево
ኣግራብ

путешественник
ኮብላሊ

река
ፈለግ

трава
ሰዓሪ

цветок
ዕንባባ

долина

ስንጭሮ

гора

ጎቦ

озеро

ቀላይ

лес

ዱር

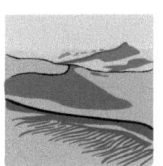

пустыня

ምድረ በዳ

вулкан

እሳተ-ጎመራ

замок

ግምቢ

радуга

ቀስተ-ደመና

гриб

ቃንጥሻ

пальма

ዓርከብኮባይ

комар

ጣንጡ

муха

ሃመማ

муравей

ጻጻ

пчела

ንህቢ

паук

ሳሬት

жук

ሕንዚዝ

лягушка

ዕንቅርያብ

белка

ም፰ጼላይ

еж

ቅንፍዝ

заяц

ማንቲለ

сова

ጉንጓ

птица

ጭሩ

лебедь

ስዋን

кабан

መፍለስ

олень

ዓጋዘን

лось

ሙስ

плотина

ግድብ

ветряной генератор

ተርባይን ንፋስ

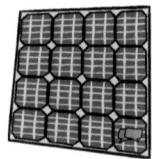

солнечная батарея

ሶላር ስርሓት

климат

ኩነታት አየር

ресторан

ቤት-መግቢ

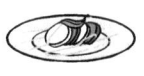

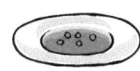

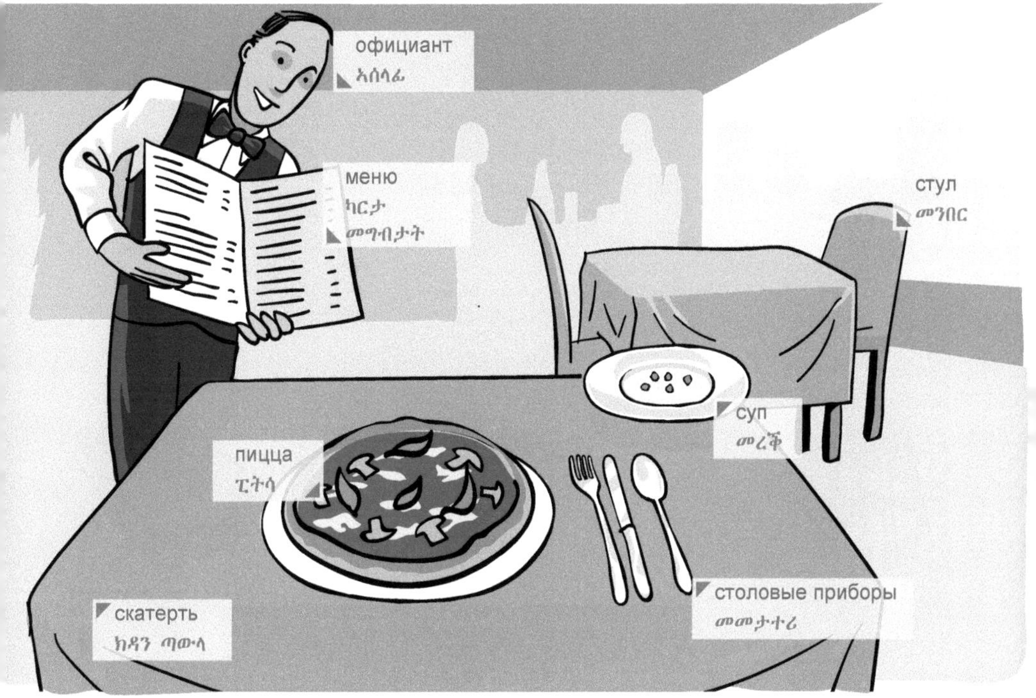
официант
ኣሰላፊ
меню
ካርታ
መግብታት
стул
መንበር
суп
መረቕ
пицца
ፒትሳ
скатерть
ክዳን ጣውላ
столовые приборы
መመታተሪ

закуска

ቅድመ ቀንዲ መግቢ

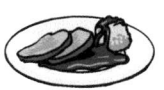

главное блюдо

ቀንዲ መኣዲ

десерт

ድሕረ መግቢ

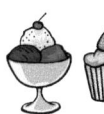

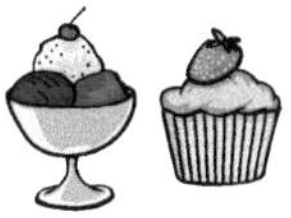

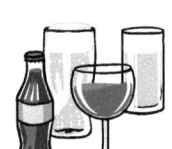

напитки

መስተ

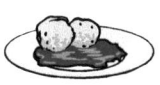

еда

መግቢ

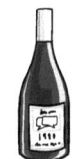

бутылка

ጥርሙዝ

фастфуд

ስሉጥ መግቢ

уличная еда

መግቢ ጽርግያ

чайник

ብርጭቆ ሻሂ

сахарница

ታኒካ ሽኮር

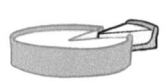

порция

ክፋል

кофеварка

ማሺን ኤስፕረሶ

детский стульчик

ነዊሕ መንበር

счет

ጸብጸብ

поднос

ታብለት

нож

ካራ

вилка

ፉርከታ

ложка

ማንካ

чайная ложка

ማንካ ሻሂ

салфетка

ሰርቪየተ

стакан

ብኬሪ

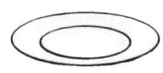

тарелка

ሸሓኒ

суповая тарелка

ሸሓኒ መረቅ

блюдце

ትሕቲ ኩባያ

соус

ጸብሒ

солонка

ወህቢ ጨው

мельница для перца

መጥሓን በርበረ

уксус

አቾቶ

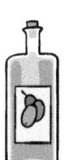

масло

ዘይቲ

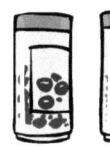

специи

ቀመም

кетчуп

ከቾፕ

горчица

አድሪ

майонез

ማዮኔዝ

супермаркет

ሱፐርማርክት

специальное предложение
ወፈያ
FOR
покупатель
ዓሚል
молочные продукты
ፍርያታት ጸባ
фрукты
ፍረታት
тележка для покупок
ሰረገላ ዱኳን

BUTCHERS

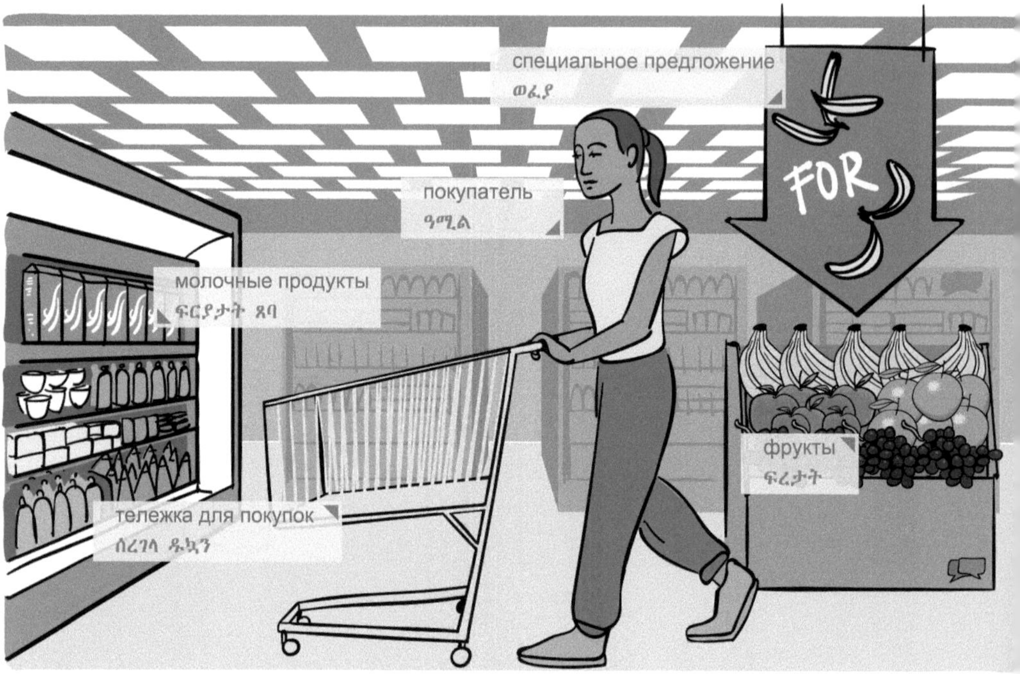

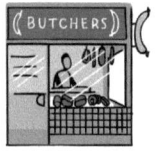

мясной магазин

እንዳ ስጋ

BAKERY

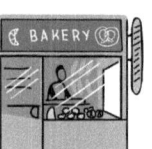

пекарня

እንዳ ባኒ

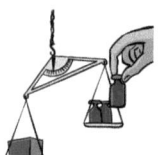

взвешивать

ክብደት

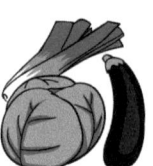

овощи

ኣሕምልቲ

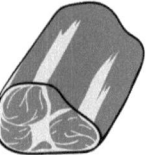

мясо

ስጋ

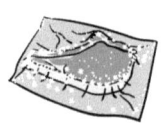

быстрозамороженные продукты

መግቢ ፍሪጅ በረድ

нарезка

ዝሑል ቅሩብ መግቢ

консервы

እስታፒላ

стиральный порошок

ኦሞ

сладости

ምቁር መግቢ

предмет домашнего обихода

ዘቤታዊ እቃሑ

моющее средство

ናዉቲ መጽረዪ

продавщица

ሸቃጣይ

касса

ካሳ

кассир

ተሓዚ ገንዘብ

список покупок

ዝርዝር ምግዛእ

время работы

ክፋት ሰዓታት

бумажник

ማሕፋዳ

кредитная карточка

ክሬዲት ካርድ

сумка

ሳንጣ

полиэтиленовый пакет

ፌስታል

вода

ማይ

сок

ጭማቍ

молоко

ጸባ

кока-кола

ኮላ

вино

ነቢት

пиво

ቢራ

алкоголь

አልኮል

какао

ካካው

чай

ሻሂ

кофе

ቡን

эспрессо

ኤስፕረሶ

капучино

ካፑቺኖ

банан

ባናና

яблоко

ቱፋሕ

апельсин

አራንሺ

арбуз

ብርጭቅ

лимон

ለሚን

морковь

ካሮት

чеснок

ጾዕዳ ሽጉርቲ

бамбук

ባምቡስ

лук

ሽጉርቲ

гриб

ቅንጥሻ

орехи

ፉል

лапша

ፓስታ

спагетти

ስፓገቲ

рис

ሩዝ

салат

ሰላጣ

картофель фри

ቅልዋ ድንሽ

жареный картофель

ቅሉው ድንሽ

пицца

ፒትሳ

гамбургер

ሃምቡርገር

сэндвич

ሳኒኛ

шницель

ቢስተካ

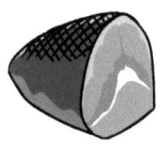

ветчина

ሰለፍ ሓሰማ

салями

ሳላሚ

колбаса

ግዕዝም

курица

ደርሆ

жаркое

ቀለወ

рыба

ዓሳ

овсяные хлопья

ገዓት

мюсли

ሙስሊ

кукурузные хлопья

ኮርንፍለይክስ

мука

ሓርጭ

круассан

ክሮሶን

булочка

ባኒ

хлеб

ባኒ

тост

ቶስት

печенье

ብሽኩቲ

масло

ጠስሚ

творог

ርግኦ

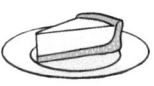

пирог

ፓስተ

яйцо

እንቍቍሐ

яичница

ቅሉው እንቍቍሐ

сыр

ፋርማጆ

мороженое

አይስ ክሪም

сахар

ሽኮር

мёд

መዓር

мармелад

ጅም

крем с нугой

ኑጋት-ክሪም

карри

ኩሪ

ферма

ቤት ሕርሻ

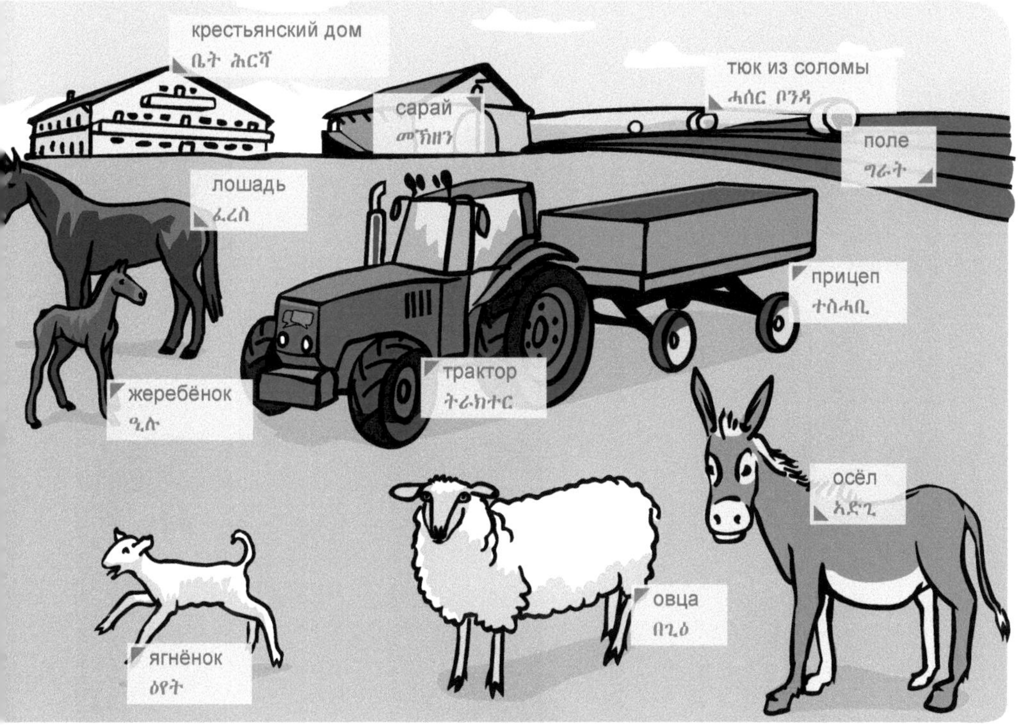

крестьянский дом
ቤት ሕርሻ
сарай
መኽዘን
тюк из соломы
ሓሰር ቦንዳ
поле
ግራት
лошадь
ፈረስ
прицеп
ተሳሓቢ
трактор
ትራክተር
жеребёнок
ዒሉ
осёл
ኣድጊ
овца
በጊዕ
ягнёнок
ዕየት

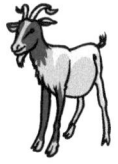

коза

ጤል

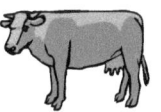

корова

ብዕራይ

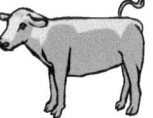

телёнок

ምራኽ

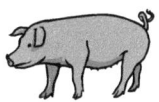

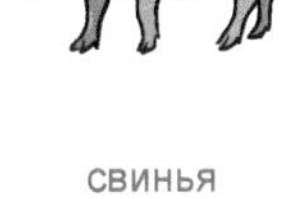

свинья

ሓሰማ

поросёнок

ውላድ ሓሰማ

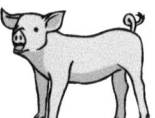

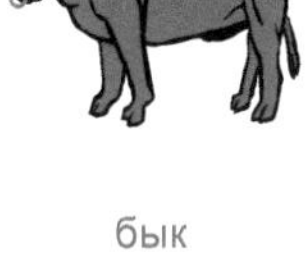

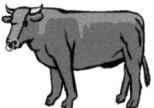

бык

ኣርሓ

гусь

ዓሳ

утка

ማይ ደርሆ

цыплёнок

ጫቶሊት

курица

ደርሆ

петух

አርሓ ደርሆ

крыса

አንጪዋ ዓባይ

кошка

ድሙ

мышь

አንጭዋ

вол

ብዕራይ

собака

ከልቢ

конура

አጉዶ ከልቢ

садовый шланг

ቱባ ጀርዲን

лейка

መዝሬፊ ማይ

коса

ዓቢ ማዕጺድ

плуг

ማሕረሻ

серп

ማዕጺድ

мотыга

ጭኳር

навозные вилы

መስኦ

топор

ፋስ

тачка

ዓረብያ ኢድ

корыто

ጋብላ

бидон для молока

ብርጭቆ ጸባ

мешок

ከሻ

забор

ሓጹር

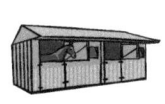

хлев

መንሰስ

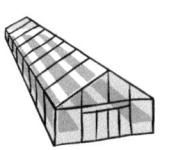

теплица

ቻጠልያ ገዛ

почва

ባይታ

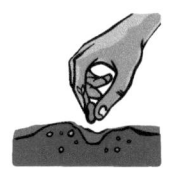

посев

ዘርኢ

удобрение

ድኹዒ

комбайн

ዘጣምር ቀውዓይ

ферма - ቤት ሕርሻ

собирать урожай

ቀውዐ

урожай

ጻማ

ямс

ድንሽ ያም

пшеница

ስርናይ

соя

ሶያ

картофель

ድንሽ

кукуруза

ዕፉን

рапс

ራፕስ

фруктовое дерево

ገረብ ፍረታት

маниок

ማኒኦክ

злаки

ኣእኻል

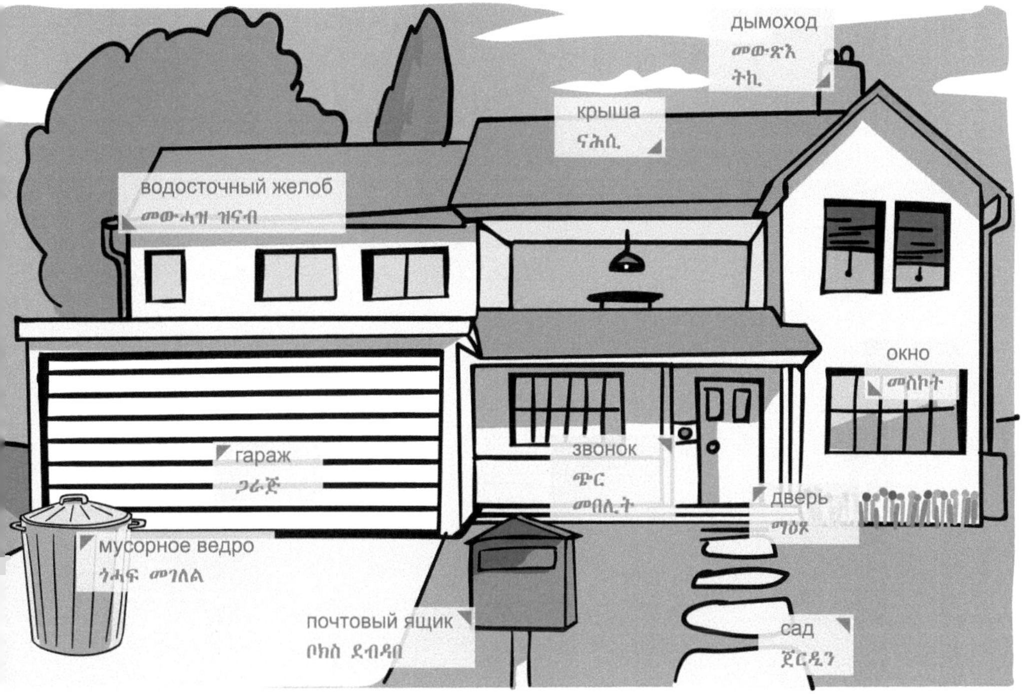

дымоход
መውጽእ ትኪ

крыша
ናሕሲ

водосточный желоб
መውሓዝ ዝናብ

окно
መስኮት

гараж
ጋራጅ

звонок
ጥሪ መበሊታት

дверь
ማዕጾ

мусорное ведро
ጐሓፍ መገለል

почтовый ящик
ቦክስ ደብዳበ

сад
ጀርዲን

гостиная
ከፍሊ ምቕማጥ

ванная комната
ከፍሊ ባንዮ

кухня
ክሽን

спальня
ከፍሊ መደቀሲ

детская комната
ከፍሊ ቆልዑ

столовая
መመገቢ ከፍሊ

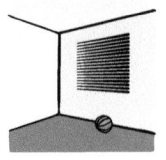

пол

ባይታ

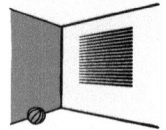

стена

መንደቕ

потолок

ከቦርታ

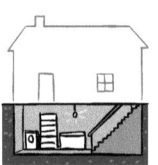

подвал

ካንቴና

сауна

ሳውና

балкон

ባልኮን

терраса

ዛላ

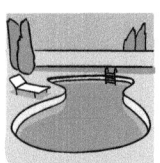

бассейн

መሕምበሲ

газонокосилка

መቑረጺ ሳዕሪ

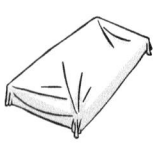

пододеяльник

ኣንሶላ ዓራት

покрывало

ከቦርታ ዓራት

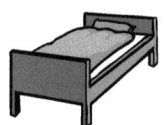

кровать

ዓራት

метла

መኹስተር

ведро

መገለል

выключатель

መወልዒት

гостиная

ክፍሊ ምቕማጥ

обои
ወረቐት መንደቕ
рисунок
ስእሊ
лампа
ላምፓ
полка
ከብሒ
шкаф
ከብሒ
телевизор
ተለቪዥን
камин
መውጽኢ ትኪ ኣብ ገዛ
цветок
ዕንባባ
подушка
መተርኣስ
диван
ሳሎን
ваза
ባዞ
пульт дистанционного управления
ሪሞት

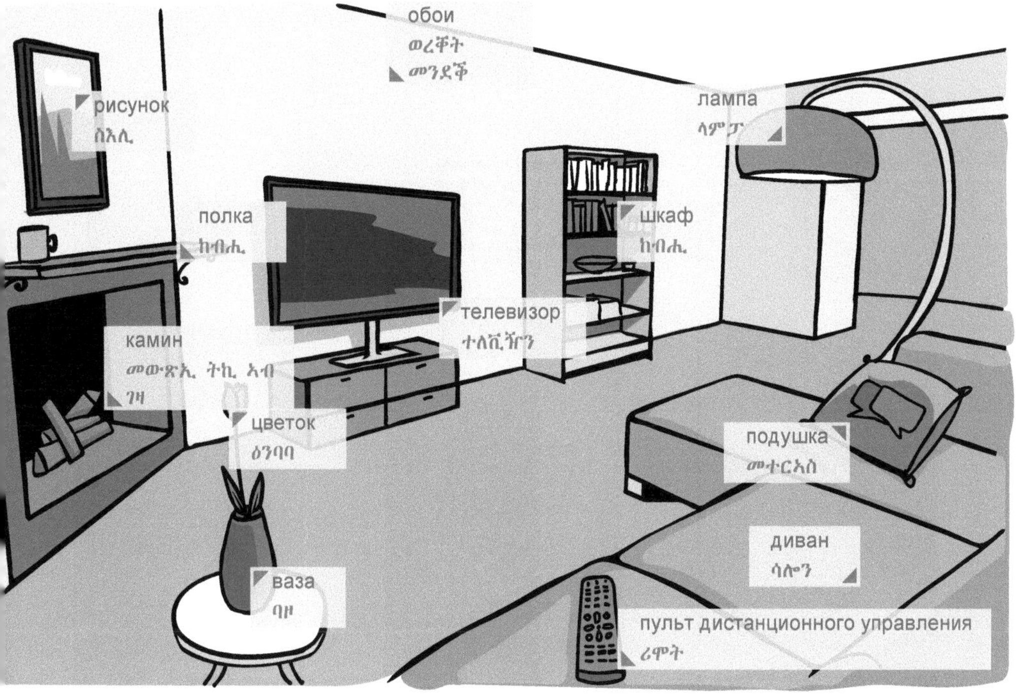

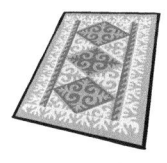

ковёр

መንጸፍ

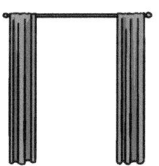

штора

መጋረጃ

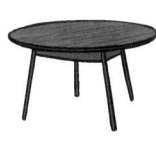

стол

ጣውላ

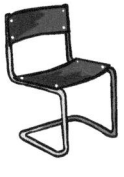

стул

መንበር

кресло-качалка

ሰለል ዝብል መንበር

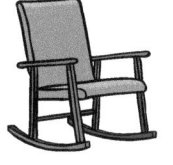

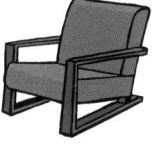

кресло

መንበር ምቹእ

книга

መጽሓፍ

покрывало

ከበርታ

украшение

ስልማት

дрова

እንጨይቲ ሓዊ

фильм

ፊልም

стереосистема

ስተረዮ

ключ

መፍትሕ

газета

ጋዜጣ

картина

ቅብኣ

плакат

ፖስተር

радио

ሬድዮ

блокнот

ጥራዝ

пылесос

መልገሲ ደርና

кактус

በለስ

свеча

ሽምዓ

кухня

ክሽነ

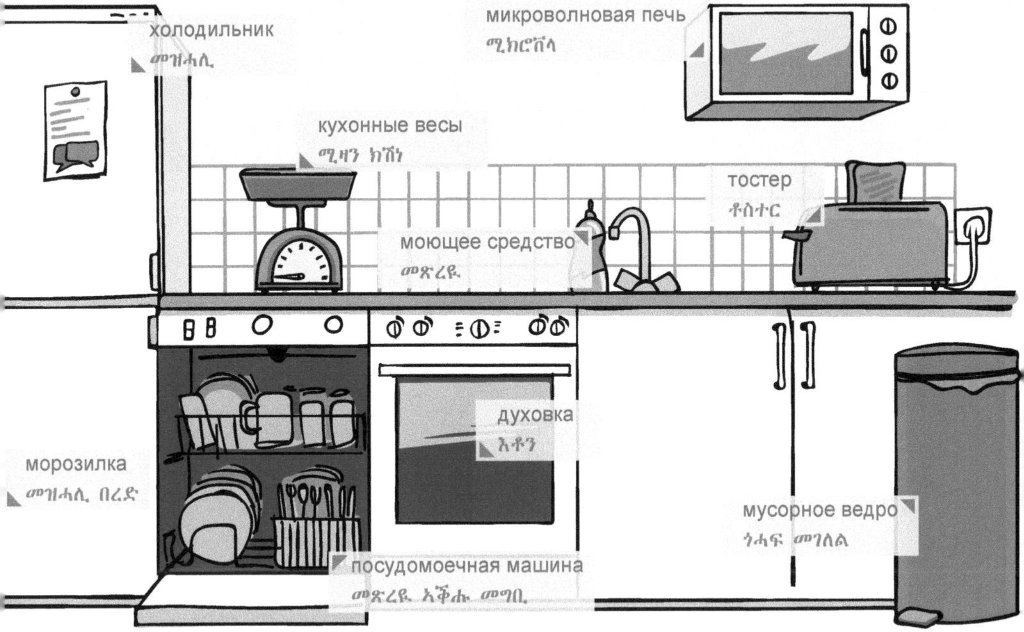
холодильник
መዝሓሊ
микроволновая печь
ሚክሮቨላ
кухонные весы
ሚዛን ክሽነ
тостер
ቶስተር
моющее средство
መጽረዪ
духовка
እቶን
морозилка
መዝሓሊ በረድ
мусорное ведро
ጎሓፍ መገለል
посудомоечная машина
መጽረዪ ኣቑሑ መግቢ

плита

....

መኸሸኒ

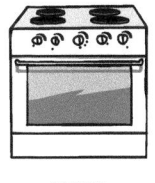

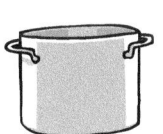

кастрюля

....

ድስቲ

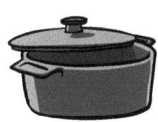

чугунный котелок

....

ድስቲ ሓጺን

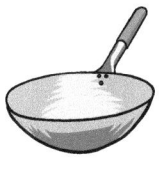

вок / кадай

....

ቮክ/ካዳይ

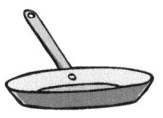

сковорода

....

ባደላ

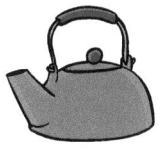

чайник

....

መውዓዪ ማይ

пароварка

መፍልሒ

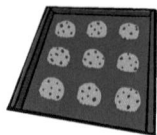

противень

ጎንቴራ ምስንካት

посуда

አቑሑ መግቢ

кружка

ብርጭቆ

миска

ጭሓሎ

палочки для еды

ማንካቺና

половник

ማንካ መረቕ

лопатка

መገልበጢ ባደላ

сбивалка

መኹስተር ውርጪ

сито

መንፈት መግቢ

сито

መንፈት

тёрка

መፋሕፍሒ

ступка

ሞርታር

гриль

ባርቢኪዩ

костёр

ስፍራ ሓዊ

доска

እንጨይቲ ምምታር

скалка

እንጨይቲ ኩረር

штопор

መኽፈት ቡሽ

жестяная банка

ታኒካ

консервный нож

መኽፈቲ ታኒካ

прихватка

ጨርቂ ድስቲ

раковина

ቡምባ

щетка

አስባስላ

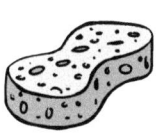

губка

ሰፍነግ

миксер

ሓዋሲ አደባላቚ

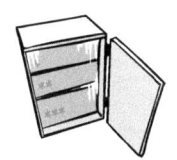

морозильная камера

መዝሓሊ በረድ

бутылочка для кормления

ጥርሙዝ ማማይ

кран

ቡምባ ማይ

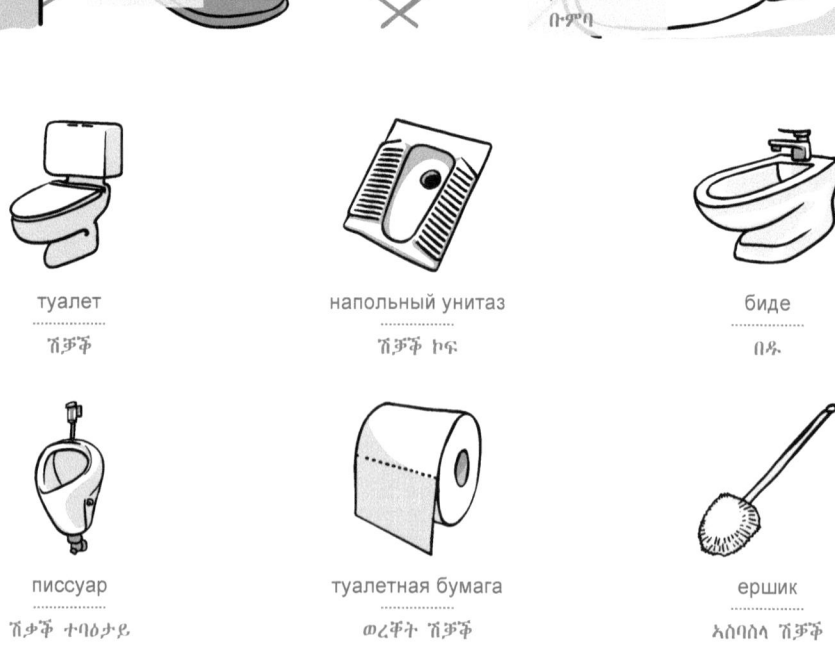

отопление — መውዓዪ

душ — መሕጸቢ ሻወር

полотенце — ሽጎማኖ

душевая занавеска — ሻወር መጋረጃ

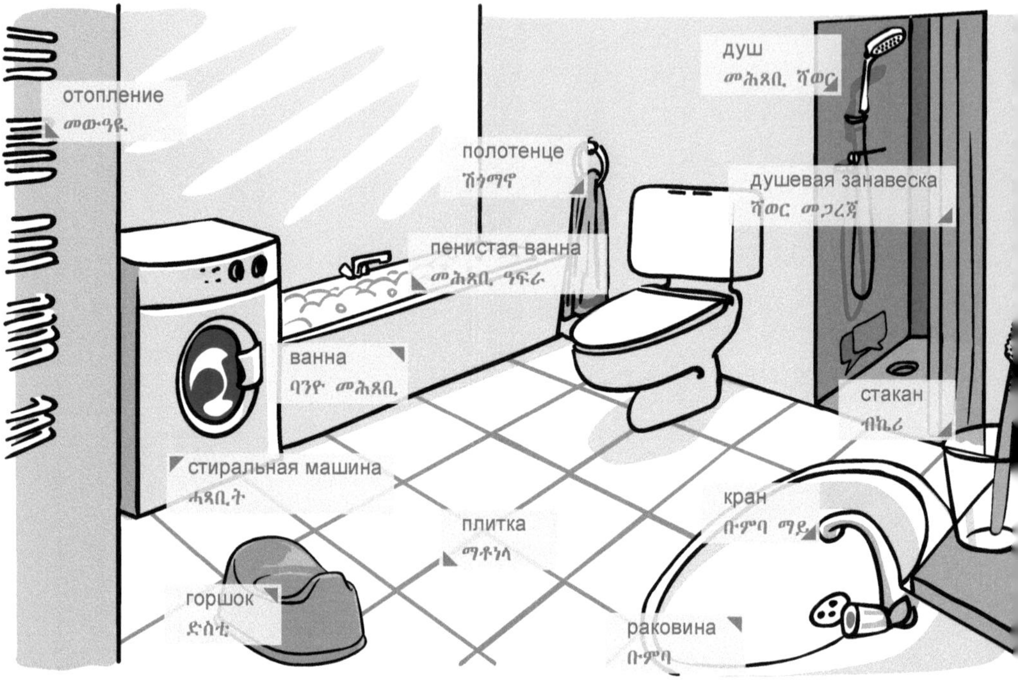

пенистая ванна — መሕጸቢ ዓፍራ

ванна — ባንዮ መሕጸቢ

стакан — ብኬሪ

стиральная машина — ሓጸቢት

кран — ቡምባ ማይ

плитка — ማቶነላ

горшок — ድስቲ

раковина — ቡምባ

туалет	напольный унитаз	биде
ሽቻቅ	ሽቻቅ ኮፍ	በዱ

писсуар	туалетная бумага	ершик
ሽቻቅ ተባዕታይ	ወረቐት ሽቻቅ	ኣስባስላ ሽቻቅ

зубная щетка

አስባስላ ስኒ

зубная паста

ክሬማ ስኒ

зубная нить

ሃሪ ስኒ

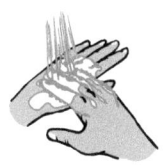

мыть

ሓጸብ

ручной душ

ዱሽ ኢድ

интимный душ

ዱሽ

таз

ብርጭቆ ምሕጸብ

щетка для спины

አስባስላ ሕቖ

мыло

ሳምና

гель для душа

ሻወር ጀል

шампунь

ሻምፑ

мочалка

ጨርቂ መሕጸቢ

сток

መውሓጂ

крем

ክሬማ

дезодорант

ደዮ ጨና

зеркало

መስትያት

ручное зеркало

ናይ ኢድ መስትያት

бритва

መላጺ

пена для бритья

ዓፍራ ምልጻይ

лосьон после бритья

ጨና ድሕሪ ምልጻይ

расческа

መመሸጥ

щетка

ኣስባስላ

фен

መንቆጺ ጸጉር

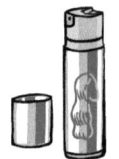

лак для волос

ስፕረይ ጸጉር

косметика

መመላኸዪ

губная помада

ብርዒ ቀለም ከንፈር

лак для ногтей

ኣዝማልቶ

вата

ጸምሪ ጡጥ

маникюрные ножницы

መስደዲ ጽፍሪ

духи

ጨና

косметичка

ሳንጣ መሕጸቢ.

табуретка

ድኳ

весы

ሚዛን

халат

ክዳን መሕጸቢ.

резиновые перчатки

ንንቲ መጸረዩ.

тампон

ታምጋን

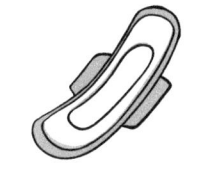

гигиеническая прокладка

ጨርቂ ሰበይቲ

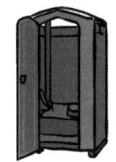

биотуалет

ሽቓቕ ከሚስትሪ

детская комната

ክፍሊ ቆልዑ

будильник
ኣላርም
መተስኢ
мягкая игрушка
መጻወቲ እንስሳ
игрушечный автомобиль
መጻወቲ መኪና
погремушка
ኳሕኳሕ መበሊ
кукольный домик
ቤት ባምቡላ
подарок
ህያብ

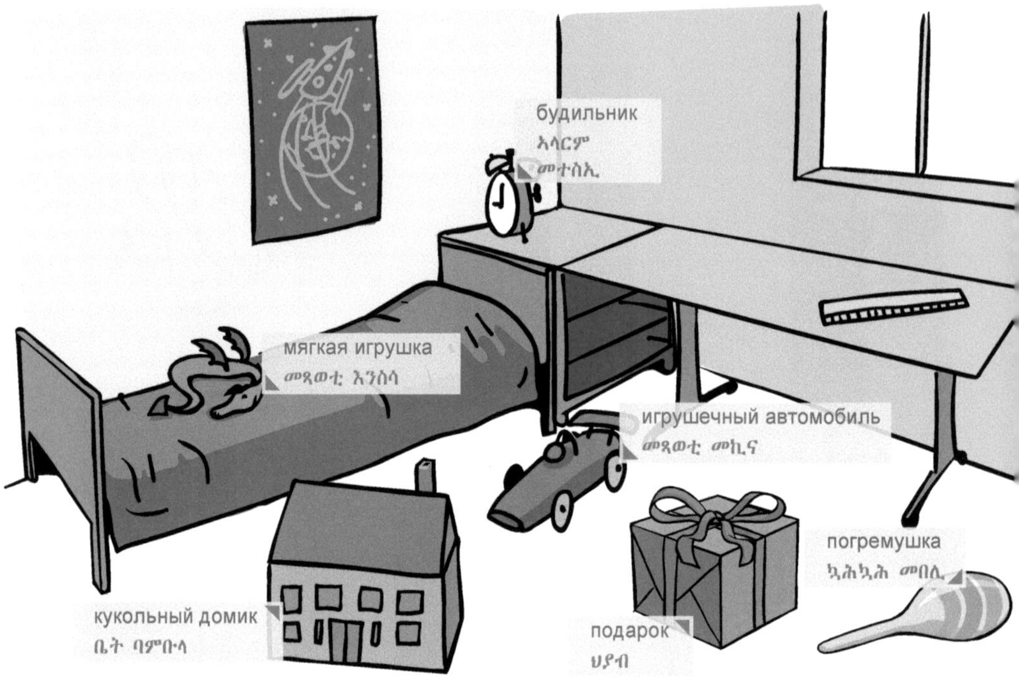

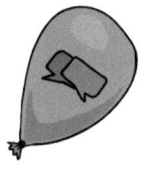

воздушный шар

ባላንችና

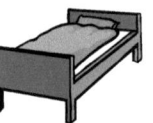

кровать

ዓራት

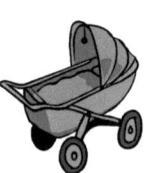

детская коляска

ሰረገላ ህጻን

карточная игра

ጸወታ ካርታ

пазл

ሕንቅሊተይ

SUPER
MEGA

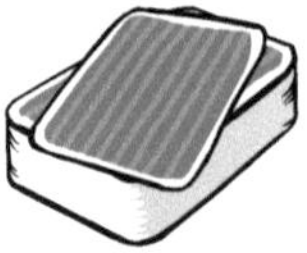

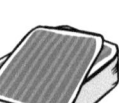

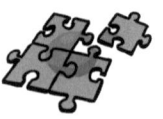

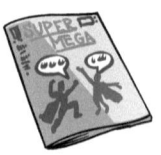

комикс

ኮሜዲ

кирпичики Лего

እምንታት መጻወቲ ለጎ

кубики

መጻወቲ እምንታት

игрушечная фигурка

በዓል አክቺን

ползунки

ክዳን ማማይ

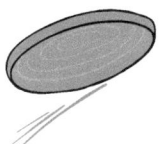

фрисби

ፍሪስቢ

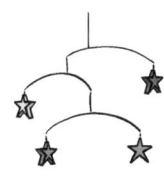

мобиле

ሞባይል ማማይ

настольная игра

ጸወታ ሰሌዳ

кубик

ኩቦ

модель железной дороги

ሞደል ባቡር ምድሪ

соска

ዓባስ

вечеринка

ፓርቲ

книга с картинками

መጽሓፍ ስእሊ

мяч

ኩዕሶ

кукла

ባምቡላ

играть

ተጻወተ

песочница

መጻወቲ ሓጺ

качели

ሰላል

игрушка

መጻወቲታት

игровая приставка

ኮንሶል ቪድዮ

трёхколесный велосипед

መጻወቲ ሰለስተ መንኮርኮር

плюшевый медвежонок

ተዲ

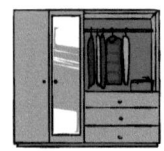

шкаф для одежды

ከብሒ ክዳን

одежда

ክዳን

носки

ካልስታት

чулки

ነዊሕ ካልስታት

колготки

ስረ ካልሲ

шарф — ሻርባ

зонтик — ጽላል

футболка — ማልያ

ремень — ቁልፊ

сапоги — ረፋዕ

тапки — ጫማ ገዛ

кроссовки — ስኒከርስ

сандалии — ሽበጥ

ботинки — ጫማ

резиновые сапоги — ረፋዕ ጎማ

трусы — ሙታንታ

бюстгальтер — ከዳን ጡብ

майка — ትሕተ ካሚቻ

боди

በዲ

брюки

ስራ

джинсы

ጄንስ

юбка

ቀምሽ

блузка

ካምቻ

рубашка

ካሚቻ

свитер

ጉልፍ

свитер

ጎልፍ

спортивная куртка

ጃኬት

жакет

ጃከት

пальто

ጆባ

плащ

ከዳን ዝናብ

костюм

ኮስቱም

платье

ቀምሽ

свадебное платье

ቀምሽ መርዓ

мужской костюм

ልብሲ

ночная сорочка

ካሚቻ ለይቲ

пижама

ክዳን ለይቲ

сари

ሳሪ

платок

መሃረብ ርእሲ

тюрбан

ቱርባን

паранджа

ቡርካ

кафтан

ካፍታን

абайя

አባያ

купальник

ክዳን መሕምበሲ

плавки

ስሪ መሕምበሲ

шорты

ሓጺር ስሪ

спортивный костюм

ክዳን ታዕሊም

фартук

በኛ ክዳን

перчатки

ንንቲ

пуговица

መልጎም

очки

መነጽር

браслет

በንናጅር

цепочка

ማዕተብ

кольцо

ቀለበት

серьга

ኩትሻ

шапка

ቆብዕ

вешалка

መንበሪ ጃባ

шляпа

ባርኔጣ

галстук

ካራባት

застежка молния

ሻርነጣ

шлем

ሀልመት

подтяжки

መድልደል ስረ

школьная форма

ድቢዛ ቤትትምህርቲ

форма

ድቢዛ

детский нагрудник

ሰደርያ ቆልዓ

соска

ዓባስ

подгузник

ጨርቂ ማማይ

офис

ቤት ጽሕፈት

кофейная кружка

ብርጭቆ ቡን

калькулятор

ካልኩለተር

интернет

ኢንተርነት

ноутбук

ለፕቶፕ

письмо

ደብዳበ

сообщение

መልእኽቲ

мобильный телефон

ሞባይል

сеть

ነትወርክ/መርበብ

ксерокс

መቅድሒ ፎቶኮፒ

программа

ሶፍትዌር

телефон

ተለፎን

розетка

ሶከት ኢረንቲ

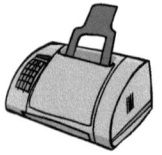

факс

ፋክስ

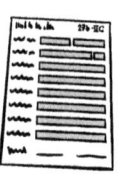

формуляр

ፎርም

документ

ሰነድ

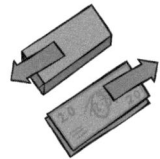

покупать

ገዛእ

платить

ከፈለ

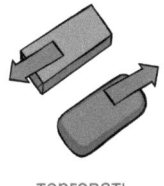

торговать

ንግዲ

деньги

ገንዘብ

доллар

ዶላር

евро

ኦይሮ

иена

የን

рубль

ሩብል

франк

ስዊዝ ፍራንከን

жэньминьби юань

ረንሚንቢ ዮዋን

рупия

ሩፒየ

банкомат

መውጽኢ ማሽን ገንዘብ

пункт обмена валюты

በታ ቅያር ገንዘብ

золото

ወርቂ

серебро

ብሩር

нефть

ዘይቲ

энергия

ሓይሊ

цена

ዋጋ

договор

ውዕል

налог

ቀረጽ

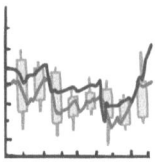

акция

እኩብ ጥረ-ነገራት

работать

ሰርሐ

служащий

ሰራሕተኛ

работодатель

ኣስራሒ

фабрика

ትካል

магазин

ዱኳን

профессии
ሞያታት

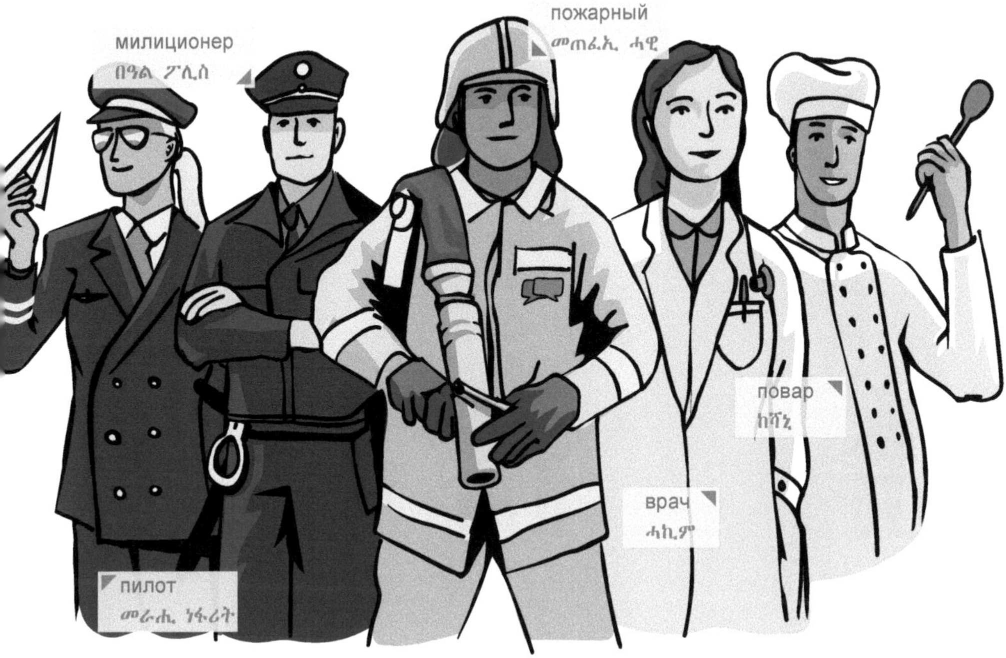
милиционер
በዓል ፖሊስ
пожарный
መጠፊኢ ሓዊ
повар
ከሻኒ
врач
ሓኪም
пилот
መራሒ ነፋሪት

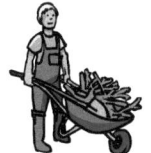

садовник

ሰራሕተኛ ጀርዲን

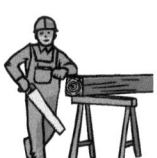

столяр

ጸራቢ ዕንጸይቲ

швея

ሰፋይት

судья

ፈራዳይ

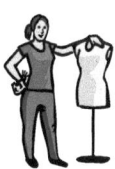

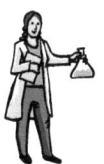

химик

ቀማሚ

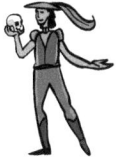

актёр

ተዋሳኢ

водитель автобуса

መራሒ አዉቶቡስ

таксист

አውቲስታ ታክሲ

рыбак

ገፋፊ ዓሳ

уборщица

ጸራጊት

кровельщик

ሃናጺ ናሕሲ

официант

አሰላፊ

охотник

ሃዳናይ

художник

ሰኣላይ

пекарь

እንዳ ሕብስቲ

электрик

ኤለትሪከኛ

строитель

ሃናጺ አባይቲ

инженер

ሃንዳሲ

мясник

ሰራሕተኛ እንዳ ስጋ

сантехник

ድራብሊኮ

почтальон

አማላላሲ ፖስጣ

солдат

ወታደር

архитектор

መሃንድስ

кассир

ተሓዝ ገንዘብ

флорист

ሰራሕተኛ ዕምባባ

парикмахер

ቀምቃማይ

кондуктор

ፈተሪኖ

механик

መካኒክ

капитан

መራሒ መርከብ

зубной врач

ሓኪም ስኒ

ученый

ተመራማሪ

раввин

ራቢ

имам

ኢማም

монах

ፈላሲ

священник

ቀሺ

инструменты

ናውቲ

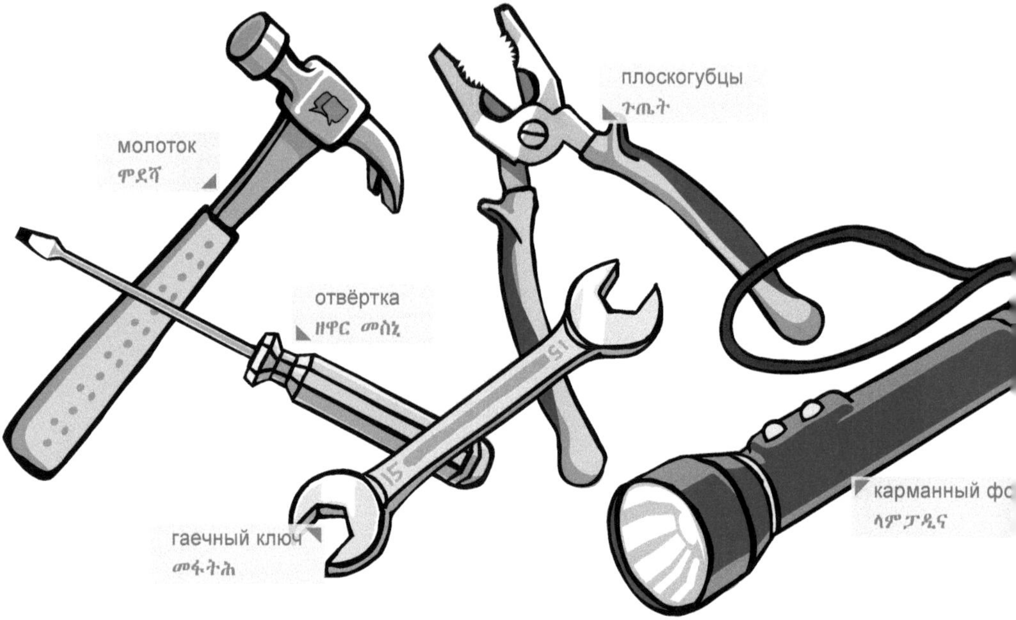
плоскогубцы
ጉጤት
молоток
ሞደሻ
отвёртка
ዘዋር መስኒ
карманный фо
ላምፓዲና
гаечный ключ
መፋትሕ

экскаватор

ፈሓሪ

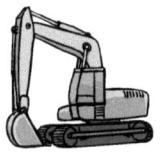

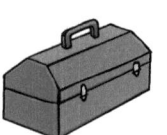

ящик для инструментов

ናውቲ ቦክስ

стремянка

መደያይቦ

пила

መጋዝ

гвозди

መስማር

дрель

ኰዓቲ

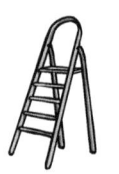

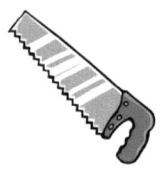

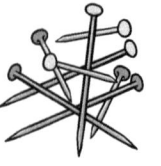

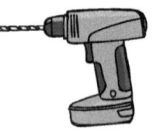

ремонтировать

ምዕራይ

лопата

ባደላ

Блин!

አይ!

совок

መትሓዚ ዶሮና

ведро с краской

ድስቲ ቀለም

винты

ካቻቪተ

музыкальные инструменты

መሳርሒ ሙዚቃ

громкоговоритель

እስፒከር

ударный инструмент

ከበሮታት

контрабас

ረጒድ ዓባይ ጊታር

труба

ትሮምፔት

гитара

ጊታር

пианино

ፒያኖ

скрипка

ቫዮሊን

бас-гитара

ባስ ጊታር

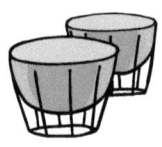

литавры

ቲምፓኒ

барабан

ከበሮ

синтезатор

ኦርጋን

саксофон

ሳክሶፎን

флейта

ሻምብቆ

микрофон

ሚክሮፎን

зоопарк

መካነ እንስሳታት

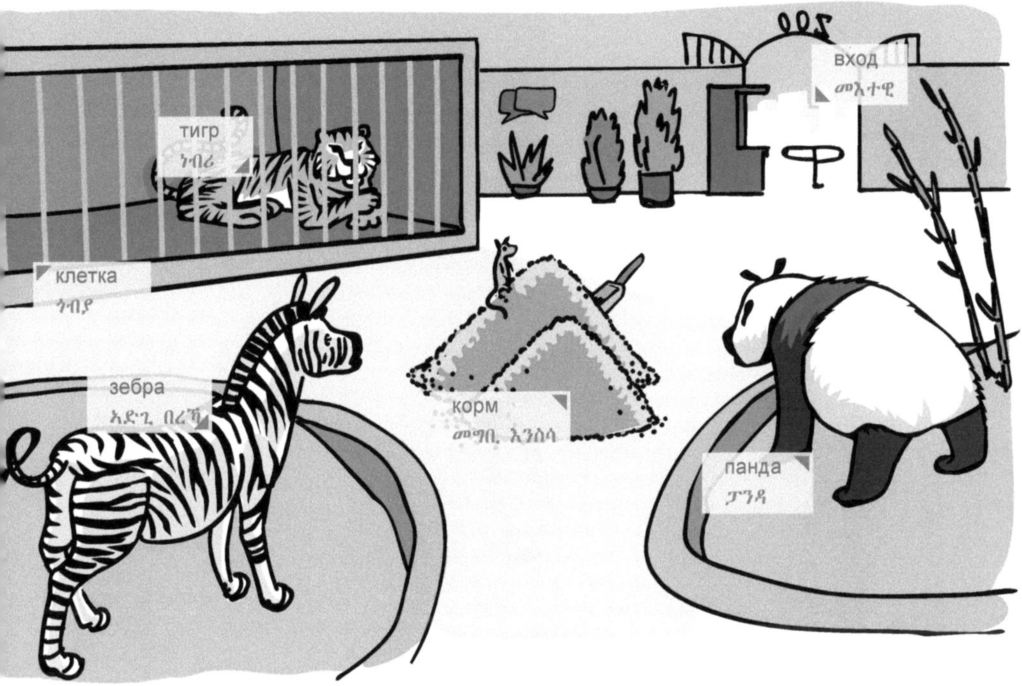

тигр
ነብሪ
вход
መእተዊ
клетка
ጎብያ
зебра
ኣድጊ በረኻ
корм
መግቢ እንስሳ
панда
ፓንዳ

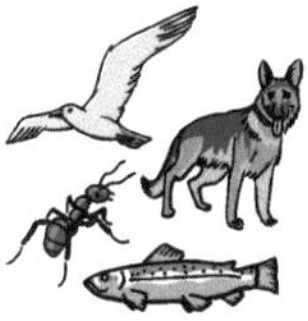

животные

እንስሳታት

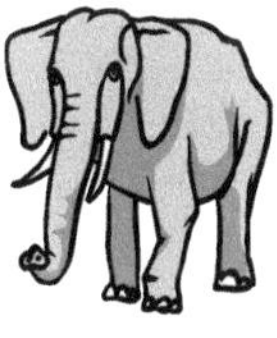

слон

ሓርማዝ

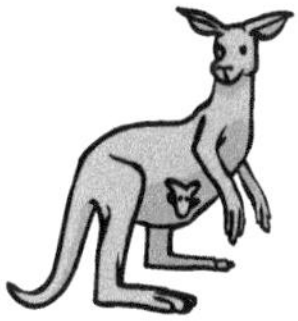

кенгуру

ካንጋሩ

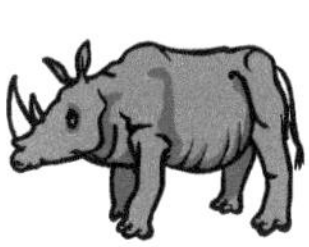

носорог

ሓሪሽ

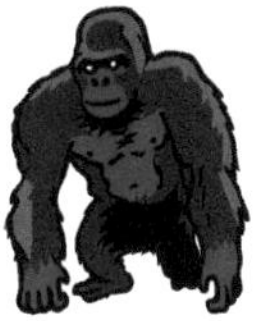

горилла

ጕሪላ

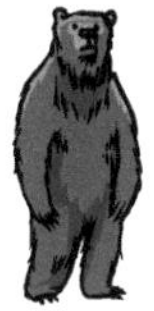

медведь

ድቢ

верблюд

ገመል

страус

ሰጎን

лев

አንበሳ

обезьяна

ህበይ

фламинго

ፍላሚንጎ

попугай

ሕንጻይ

белый медведь

ድቢ. በረድ

пингвин

ፐንጉን

акула

ክልቢ. ዓሳ

павлин

ጣውስ

змея

ተመን

крокодил

ሓርጻ

служитель зоопарка

ሓላዊ ቤት ገርድሽ

тюлень

ዓሳ ዚምገብ እንስሳ ባሕሪ

ягуар

ጃንር

пони

ሓጺር ፈረስ

леопард

ነብሪ

бегемот

ጉማረ

жираф

ጂራፍ

орёл

ሲላ

кабан

መፍለስ

рыба

ዓሳ

черепаха

ጎብየ

морж

ዋልሩስ

лиса

ወኻርያ

газель

ሰስሓ

американский футбол
ናይ ኣሜሪካ ኩዕሶ እግሪ

езда на велосипеде
ምዝዋር ብሽግለታ

теннис
ተኒስ

баскетбол
ባስከትባል

плавание
ምሕምባስ

хоккей
ሆኪ በረድ

бокс
ቦክሲንግ

футбол
ኩዕሶ እግሪ

бадминтон
ባድሚንቶን

лёгкая атлетика
እስፖርታዊ ንጥፈታት

гандбол
ኩዕሶ ኢድ

лыжный спорт
ስኪ

поло
ፖሎ

прыгать
ነጠረ

смеяться
ስሓቐ

обнимать
ሓቖፈ

петь
ደረፈ

идти
ከደ

молиться
ጸለየ

целовать
ሰዓመ

мечтать
ሓለመ

писать
ጸሓፈ

рисовать
ስኣለ

показывать
ኣርኣየ

нажимать
ደፍአ

давать
ሃበ

брать
ወሰደ

иметь

አለው

делать

ገበረ

быть

ኮነ

стоять

ጠጠው በለ

бежать

ጎየየ

тянуть

ሰሓበ

бросать

ሰንደወ

падать

ወደቐ

лежать

ሓሰወ

ждать

ተጸበየ

носить

ሰከም

сидеть

ኮፍ በለ

надевать

ተኸድነ

спать

ደቀሰ

просыпаться

ተሰአ

рассматривать
....
ረኣየ

плакать
....
በኸየ

гладить
....
ብአጻብዑ ደረዘ

причесывать
....
መሽጠ

говорить
....
ተዛረበ

понимать
....
ተረድአ

спрашивать
....
ሓተተ

слушать
....
ሰምዐ

пить
....
ሰተየ

кушать
....
በልዐ

наводить порядок
....
አጸመጠ

любить
....
አፍቀረ

готовить
....
ከሸነ

ехать
....
ዘወረ

летать
....
ነፈረ

ходить под парусом

ብመርከብ ገየሽ

считать

ደመረ

читать

ኣንበበ

учиться

ተመሃረ

работать

ሰርሐ

вступать в брак

መርዓወ

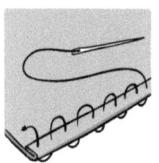

шить

ሰፈየ

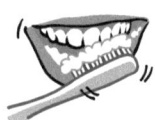

чистить зубы

ጽሬት ኣስናን

убивать

ቀተለ

курить

ሽጋራ ተከኸ

отправлять

ሰደደ

бабушка
ዓባየ

дедушка
አቦሓጎ

папа
አቦ

мама
አደ

младенец
ማማይ

дочь
ጓል

сын
ወዲ

гость

ጋሻ

тетя

ሓትኖ

дядя

አኮ

брат

ሓው

сестра

ሓፍቲ

тело

ኣካላት

лоб
ግንባር
глаз
ዓይኒ
плечо
መንኩብ
палец
ኣጻብዕ
лицо
ገጽ
подбородок
መንከስ
кисть
ኢድ
нога
ሽፋን እግሪ
грудь
ኣፍ-ልቢ
рука
ምናት

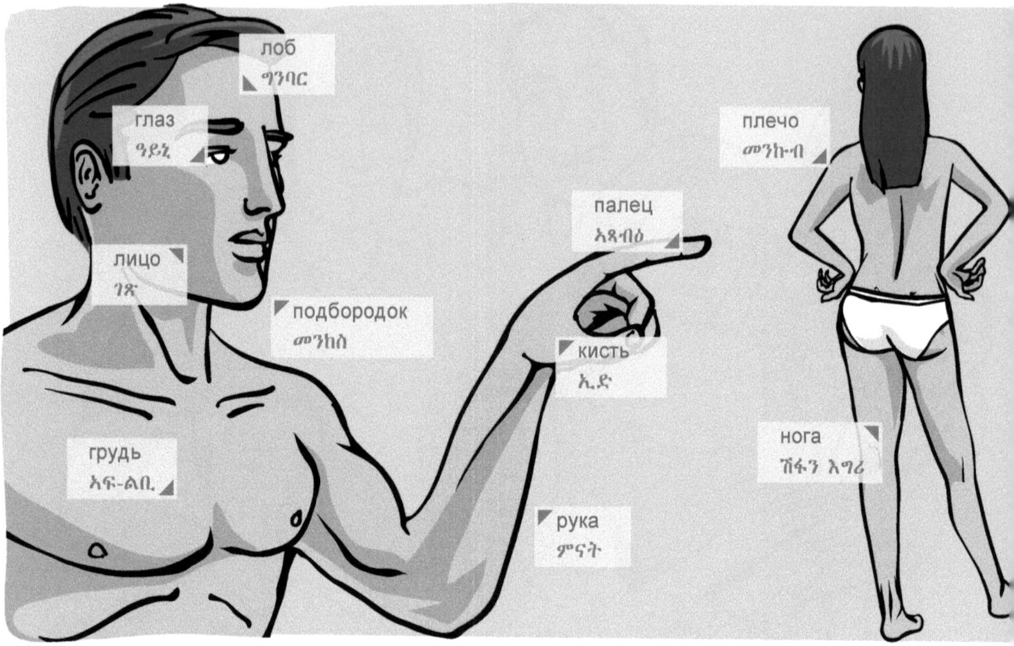

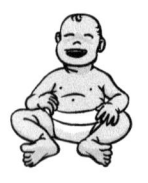

младенец

ማማይ

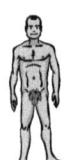

мужчина

ሰብኣይ

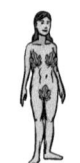

женщина

ሰበይቲ

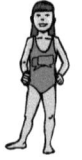

девочка

ጓል

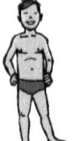

мальчик

ወዲ

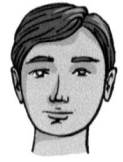

голова

ርእሲ

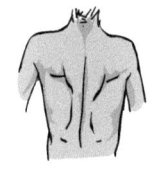

спина

ሕቖ

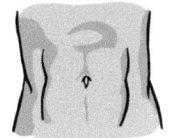

живот

ከስዐ

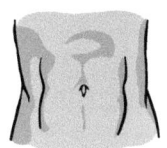

пупок

ሕምብርቲ

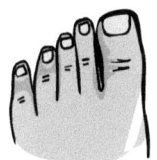

палец ноги

ኣጻብዕ እግሪ

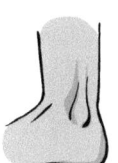

пятка

ኩርኵረ

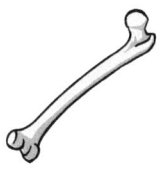

кость

ዓጽሚ

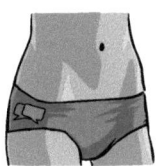

бедро

ምሕኰልቲ

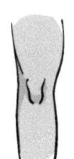

колено

ብርኪ

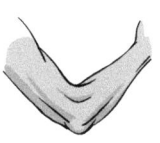

локоть

ፎግፎጕ

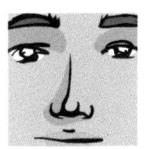

нос

ኣፍንጫ

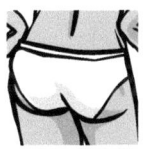

ягодицы

መዓኵር

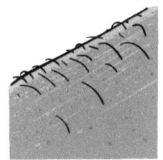

кожа

ቆርበት

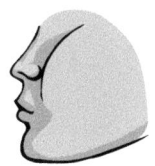

щека

ምዕጕርቲ

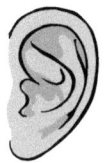

ухо

እዝኒ

губа

ከንፈር

рот

አፍ

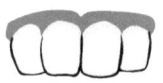

зуб

ስኒ

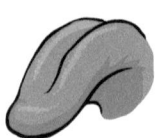

язык

መልሓስ

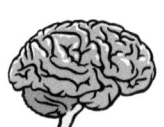

мозг

ሓንጎል

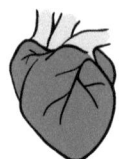

сердце

ልቢ

мышца

ጭዋዳ

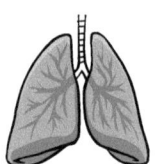

лёгкое

ሳንቡእ

печень

ጸላም ከብዲ

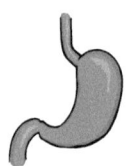

желудок

ከብዲ

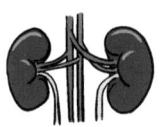

почки

ኩሊት

половой акт

ግብረ ስጋ

презерватив

ኮንዶም

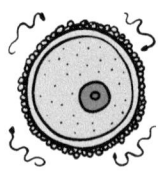

яйцеклетка

እንቋቍሓ

сперма

ዘርኢ ተባዕታይ

беременность

ጥንሲ

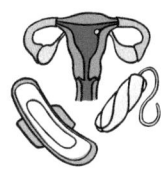

менструация
ጽግያት

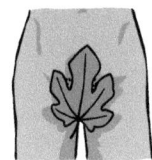

вагина
ርሕሚ

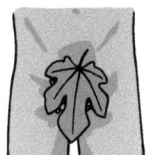

пенис
መትሎ

бровь
ሽፋሽፍቲ

волосы
ጸግሪ

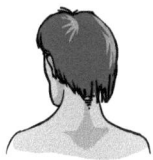

шея
ክሳድ

больница

ሆስፒታል

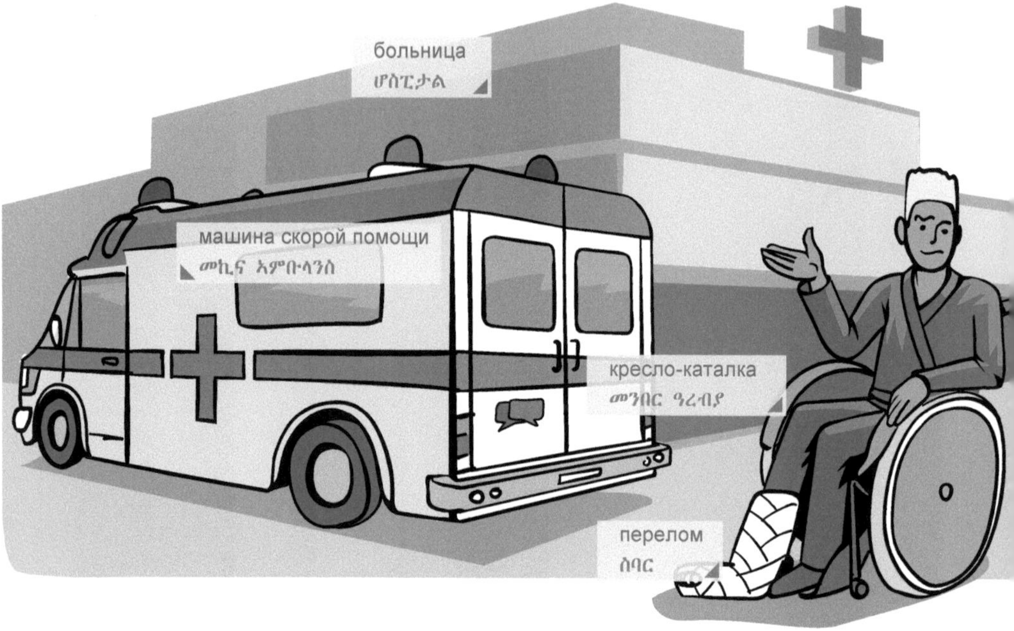

больница
ሆስፒታል
машина скорой помощи
መኪና ኣምቡላንስ
кресло-каталка
መንበር ዓረብያ
перелом
ስባር

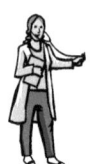

врач

ሓኪም

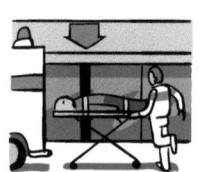

пункт первой помощи

ክፍሊ ህጹጽ ረድኤት

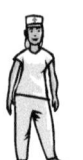

медсестра

ኣላይት

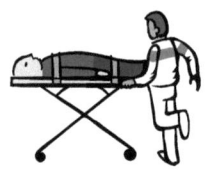

неотложный случай

ህጹጽ ኩነት

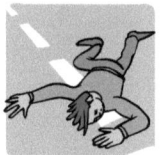

без сознания

ውነኡ ዘጥፍአ

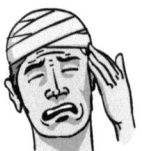

боль

ቃንዛ

повреждение

ጉድኣት

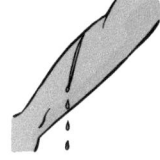

кровотечение

ደም

инфаркт

ማህረምቲ

инсульт

ማህረምቲ

аллергия

ኣለርጂ

кашель

ሰዓል

овышенная температура

ረስኒ

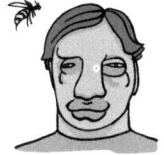

грипп

ኡንፍልወንዛ

понос

ውጽኣት

головная боль

ቃንዛ ርእሲ

рак

መንሽሮ

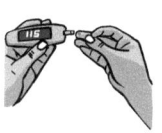

диабет

ሾኮርያ

хирург

ሓኪም መጥባሕቲ

скальпель

መጥብሒ

операция

መጥባሕቲ

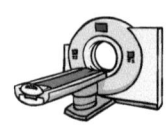

КТ

CT

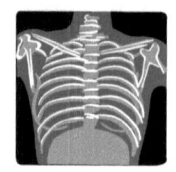

рентген

ራጂ

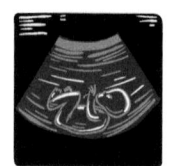

ультразвук

ልዕለ ድምጻዊ

маска

መሸፈኒ ገጽ

болезнь

ሕማም

приёмная

ክፍሊ ምጽባይ

костыль

ምርኩስ

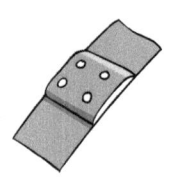

пластырь

መጅነኒ ቻስለ

бинт

መጅነኒ

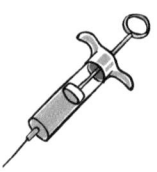

укол

መርፍዕ ምውጋእ

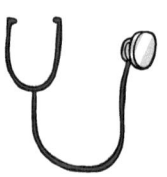

стетоскоп

ስተቶስኮፕ

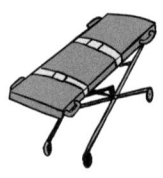

носилки

መሰከሚ ሕማም

термометр

ቴርሞመተር

рождение

ትውልዲ

избыточный вес

ልዕለ-ሚዛን

слуховой аппарат

ሓገዝ ምስማዕ

дезинфекционное
средство

ኦንጻሂ

инфекция

ልበዳ

вирус

ቫይረስ

ВИЧ / СПИД

ኤድስ

лекарство

ሕክምና

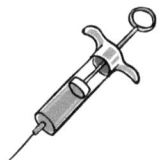

прививка

ክታበ

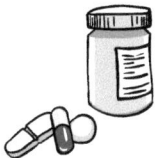

таблетки

ከኒና

противозачаточная
таблетка

ከኒና

экстренный вызов

ህጹጽ ምድዋል

прибор для измерения
кровяного давления

መዐቀኒ ጸቕጢ ደም

больной / здоровый

ሕሙም / ጥዑይ

Помогите!

ሓገዝ

сигнал тревоги

አላርም

нападение

ምህጃም

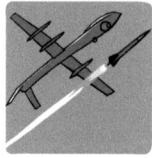

атака

መጥቃዕቲ

опасность

ድንገት

запасной выход

ህጹጽ መውጽኢ

Пожар!

ሓዊ!

огнетушитель

መጥፍኢ ሓዊ

несчастный случай

ሓደጋ

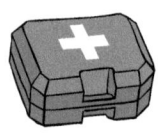

аптечка

ሳንጣ ቀዳማይ ረድኤት

SOS

SOS

милиция

ፖሊስ

Европа

ኤውሮጳ

Северная Америка

ሰሜን አሜሪካ

Южная Америка

ደቡብ አሜሪካ

Африка

አፍሪቃ

Азия

ኤስያ

Австралия

አውስትራልያ

Атлантический океан

አትላንቲክ

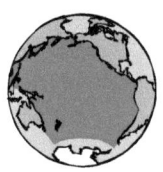

Тихий океан

ፓሲፊክ

Индийский океан

ህንዳዊ ዉቅያኖስ

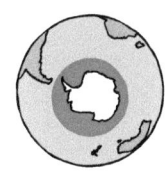

Антарктический океан

አንታርቲካዊ ዉቅያኖስ

Северный Ледовитый океан

አርክቲካዊ ዉቅያኖስ

Северный полюс

ሰሜናዊ ዋልታ

Южный полюс

ደቡባዊ ዋልታ

Антарктика

አንታርቲካ

земля

ምድሪ

суша

መሬት

море

ባሕሪ

остров

ደሴት

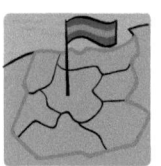

нация

ሃገር

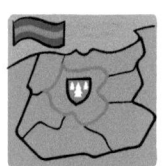

государство

ዓዲ

циферблат

ገጽ ሰዓት

часовая стрелка

አመልካቺ ሰዓታት

минутная стрелка

አመልካቺ ደቓይቅ

секундная стрелка

አመልካቺ ካልኢት

Который час?

ሰዓት ክንደይ ኣሎ?

день

መዓልቲ

время

ግዜ

сейчас

ሕጂ

электронные часы

ዲጊታል ሰዓት

минута

ደቒቕ

час

ሰዓት

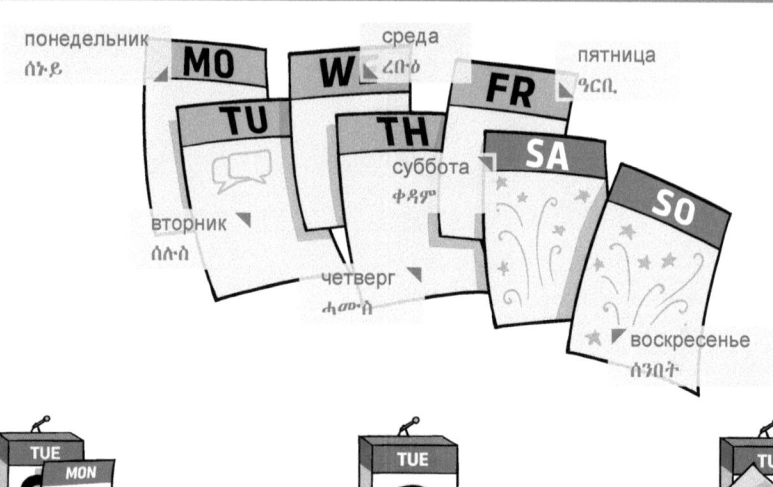

понедельник
ሰኑይ

среда
ረቡዕ

пятница
ዓርቢ

TU

TH

вторник
ሰሉስ

суббота
ቀዳም

четверг
ሓሙስ

воскресенье
ሰንበት

вчера
ትማሊ

сегодня
ሎሚ

завтра
ጽባሕ

утро
ንጎሆ

полдень
ቀትሪ

вечер
ምሸት

рабочие дни
መዓልታት ስራሕ

выходные
መወዳእታ ሰሙን

дождь
ዝናብ

радуга
ቀስተ-ደመና

ветер
ንፋስ

снег
በረድ

весна
ጸደይ

осень
ቀውዒ

лето
ሓጋይ

зима
ክረምቲ

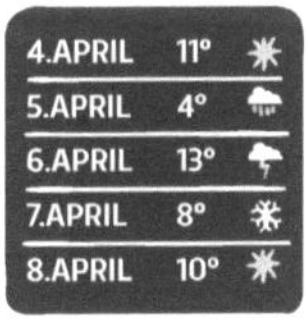

4.APRIL	11°	☀
5.APRIL	4°	
6.APRIL	13°	
7.APRIL	8°	❄
8.APRIL	10°	☀

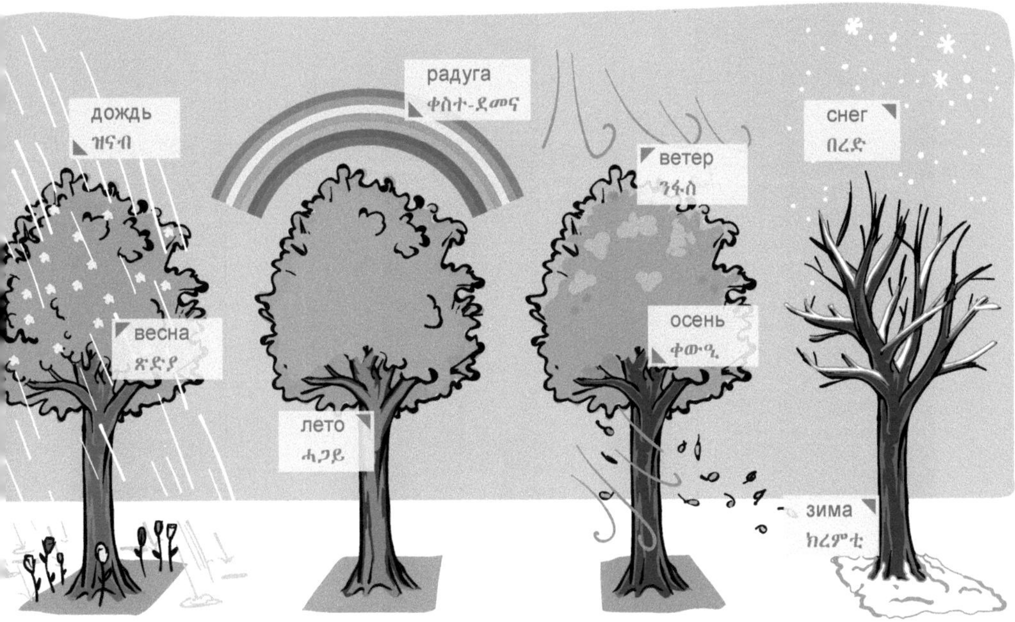

прогноз погоды

ትንቢት ኩነታት ኣየር

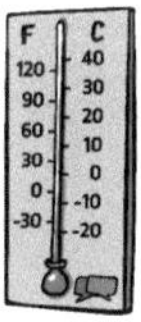

термометр

ቴርሞመተር

солнечный свет

ብርሃን ጸሓይ

туча

ደበና

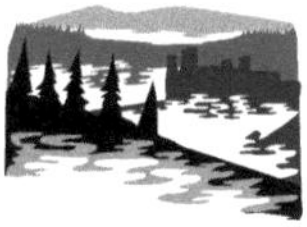

туман

ጊሜ

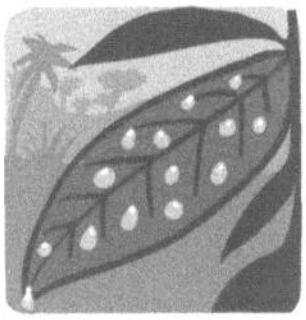

влажность воздуха

ጠሊ

молния

ብርቂ

гром

ነጎዳ

буря

ህቦብላ

град

በረድ

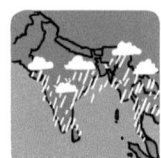

муссон

ብርቱዕ ህቦብላ

наводнение

ውሕጅ

лёд

በረድ

январь

ጥሪ

февраль

ለካቲት

март

መጋቢት

апрель

ሚያዝያ

май

ጉንበት

июнь

ሰነ

июль

ሓምለ

август

ነሓሰ

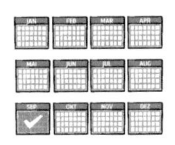

сентябрь

መስከረም

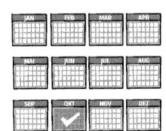

октябрь

ጥቅምቲ

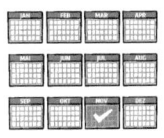

ноябрь

ሕዳር

декабрь

ታሕሳስ

формы

ቅርጻታት

круг

ዙርያ

квадрат

ትርብዒት

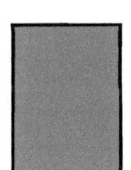

прямоугольник

ቅኑዕ ርቡዕ ኩርናዕ

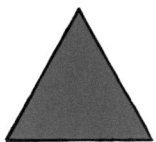

треугольник

ስሉስ ኩርናዕ

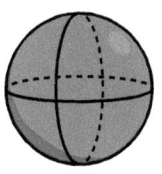

шар

ክቢ

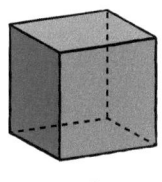

куб

ኩብ

белый

ጻዕዳ

желтый

ብጫ

оранжевый

ኣራንጂ

розовый

ፒንክ

красный

ቀይሕ

лиловый

ጁኽ

синий

ሰማያዊ

зелёный

ቀጠልያ

коричневый

ቡናዊ

серый

ሓሙኽሽታይ

черный

ጸሊም

много / мало

ብዙሕ / ውሓድ

яростный / мирный

ሕሩቕ / ሰላማዊ

красивый / уродливый

ጽቡቕ / ክፉእ

начало / конец

መጀመርያ / መወዳእታ

большой / маленький

ዓቢ / ንእሽቶ

светлый / темный

ብሩህ / ጸልማት

брат / сестра

ሓው / ሓፍት

чистый / грязный

ጽሩይ / ርሳሕ

полный / неполный

ምሉእ / ዘይምሉእ

день / ночь

መዓልቲ / ለይቲ

мёртвый / живой

ሙዉት / ህልው

широкий / узкий

ሰፊሕ / ጸቢብ

съедобный / несъедобный

ደስ ዘበል / ደስ ዘይብል

злой / дружелюбный

እኩይ / ህያዋይ

взволнованный / скучающий

ርቡጽ / ስልኩይ

толстый / худой

ረጊድ / ቀጢን

сначала / в конце

ቀዳማይ / ናይ መወዳእታ

друг / враг

ዓርኪ / ጸላኢ

полный / пустой

ምሉእ / ባዶ

твёрдый / мягкий

ተሪር / ልስሉስ

тяжёлый / легкий

ከቢድ / ፈኩስ

голод / жажда

ጥምየት / ጽምየት

больной / здоровый

ሕሙም / ጥዑይ

незаконный / законный

ዘይሕጋዊ / ሕጋዊ

умный / глупый

መስተውዓሊ / ስዲ

слева / справа

ጸጋም / የማን

близко / далеко

ቐረባ / ርሑቕ

новый / подержанный

ሓዲሽ / ብሉይ

ничто / нечто

ዋላ ሓደ / ገለ

старый / молодой

ዓቢ/ኣረጊት / መንእሰይ

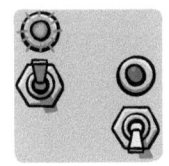

включено / выключено

ወልዕ / ኣጥፍእ

открыто / закрыто

ክፉት / ዕጹው

тихо / громко

ህዱእ / ዓው

богатый / бедный

ሃብታም / ድኻ

правильный /
неправильный

ቅኑዕ / ግጉይ

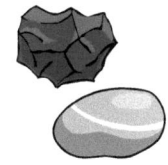

шероховатый / гладкий

ሓርፋፍ / ልሙጽ

печальный / счастливый

ጉሁይ / ሕጉስ

короткий / длинный

ሓጺር / ነዊሕ

медленный / быстрый

ቀስ / ቅልጡፍ

мокрый / сухой

ጥሉል / ንቑጽ

тёплый / прохладный

ምዉቕ / ዝሑል

война / мир

ውግእ / ሰላም

0

ноль

ዜሮ

1

один

ሓደ

2

два

ክልተ

3

три

ሰለስተ

4

четыре

ኣርባዕተ

5

пять

ሓሙሽተ

6

шесть

ሽዱሽተ

7

семь

ሸውዓተ

8

восемь

ሸሞንተ

9

девять

ትሽዓተ

10

десять

ዓሰርተ

11

одиннадцать

ዓሰርተ ሓደ

12

двенадцать

ዓሰርተ ክልተ

13

тринадцать

ዓሰርተ ሰለስተ

14

четырнадцать

ዓሰርተ ኣርባዕተ

15

пятнадцать

ዓሰርተ ሓሙሽተ

16

шестнадцать

ዓሰርተ ሽዱሽተ

17

семнадцать

ዓሰርተ ሸውዓተ

18

восемнадцать

ዓሰርተ ሸሞንተ

19

девятнадцать

ዓሰርተ ትሽዓተ

20

двадцать

ዕስራ

100

сто

ሚእቲ

1.000

тысяча

ሽሕ

1.000.000

миллион

ሚልዮን

английский

እንግሊዝኛ

американский английский

አሜሪካዊ እንግሊዛዊ

мандаринский китайский

ቻይናዊ ማንጻሪን

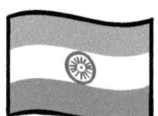

хинди

ሂንዲዊ

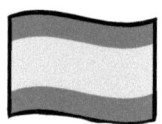

испанский

እስጳኛዊ

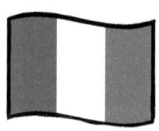

французский

ፈረንሳዊ

арабский

ዓረበዊ

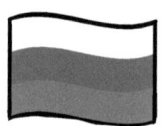

русский

ሩሲያዊ

португальский

ፖርቱጋላዊ

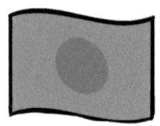

бенгальский

በንጋሊ

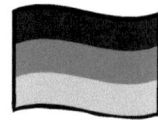

немецкий

ጀርመናዊ

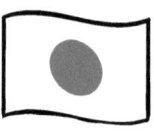

японский

ጃፓናዊ

я

አነ

ты

ንስኻ/ኺ.

♂ ♀ ○

он / она / оно

ንሱ / ንሳ / ንሱ

мы

ንሕና

вы

ንስኻ

они

ንሳቶም

кто?

መን?

что?

እንታይ?

как?

ከመይ?

где?

ኣበይ?

когда?

መዓስ?

HELLO, I AM

имя

ሽም

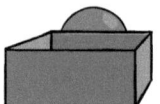

за

ድሕሪ

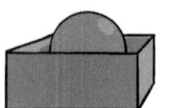

в

አብ

перед

አብ ቅድሚ

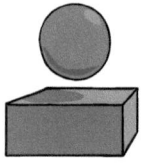

над

አብ ላዕሊ

на

አብ ልዕሊ.

под

ትሕቲ ምድሪ

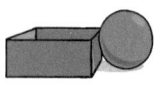

рядом

አብ ጥቃ

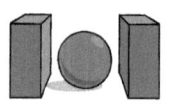

между

አብ መንጎ

место

ቦታ